Wonderful sunshine

Peter Oberfrank – Hunziker

Impressum:

Bibliografische Information der Deutschen Nationalbibliothek: Die Deutsche Nationalbibliothek verzeichnet diese Publikation in der Deutschen Nationalbibliografie; detaillierte bibliografische Daten sind im Internet über www.dnb.de abrufbar.

© 2021 Peter Oberfrank – Hunziker
Herstellung und Verlag
BoD – Books on Demand, Norderstedt

ISBN 9783753407463

Mein von mir Peter Oberfrank – Hunziker
geschriebenes Buch mit dem Buchtitel
„Wonderful sunshine" ist ein netter
Buchgedanke meinerseits und bei schönen
Sonnenschein am 4. 2. 2021 bin ich wieder
gerne sportlich gewesen und ich genieße
ewig dieses sportliche glückliche sein und
die Natur zu genießen und fröhlich herzlich
zu lachen und einzigartig zu sein und
schön zu feiern ist auch das indianische
„Halli Hallo Fest" und funny und kreativ
zu sein ….. und Philosophie beinhaltet
auch nachzudenken und sich schön
erinnern und über die Lebensreise und die
Liebe und die Familie nachzudenken und
schön Weihnachten zu feiern ….
Peter Oberfrank, geboren am 27.
November 1971 in Rapperswil Zürich in
Schweiz Australien, und verheiratet mit
Michelle Hunziker, geboren am 24.
Dezember 1971 in Rapperswil (Schweiz),
und der Heiratstag ist am 8. 8. 1992.
Ehename ist Peter Oberfrank – Hunziker
und viele Kinder in der Familie. Am 8. 8.
2008 Familienfeiertagi♥und ewig. Viel
Spaß in der Familie. Lachi Fest und in

Natur sein und …. wunderschönes Goldglas sehen und lachen …. indianisch sein und glücklich sein …..
Ich flog mit Herzensfreude und gerne ins Weltall und bin gerne im Weltall. Das Raumschiff ist mit einem perfekten ausbalancierten Magnetismus kreiert mit schöner und guter Hebekraft und Heberuhe sowie Stabilität. Das Weltall ist natürlich und wunderschön mit vielen ewig bunten Farben, Duft und schönen Licht sowie auch Wind. Wunderschöne Naturpflanzen und alles in schöner Harmonie. Als so selbst bezeichneter und ausgezeichneter Kosmonit (von Harvard University und New York Rangers) sah ich mit Space Girl Elke Valentinitsch bei der Weltraumreise und am Mond ewig wunderschönes Licht mit Z und lium …. planets all ….
Mit ganz großer Herzensfreude spiele ich Eishockey …….. wie Eishockey bei New York Rangers als NHL Eishockeyspieler und Stanley Cup Champion and Winner mit der Eishockeymannschaft New York Rangers als ewiger NHL Spieler und Sportler und Naturarbeiter und einziger

Techniker und NHL Champion with all NHL Teams ever and Winning „NHL Stanley Cup himmelblau for Peter Oberfrank – Hunziker" und Gewinner der „NHL stanley Cup heart Trophy for Peter Oberfrank – Hunziker" und der „NHL all star Peter Oberfrank – Hunziker stanley Cup Trophy" und der „NHL good dancing trophy".

Am 1. 12. 1971 in Rapperswil/Jona das große NHL Eishockeyfest am Zürichsee und ich gewann als ever NHL New York Rangers icehockeyplayer den 1. Gold Stanley Cup with titeling „NHL ever player Peter Oberfrank – Hunziker with team New York Rangers …. and all NHL …. as kid NHL icehockeyplayer and one and only ever NHL Player and NHLer" with Gold New York Rangers pin titeling Stanley cup Champion 1971 with Gold glittering Trophy from Washington with my naming Peter Oberfrank and also my NHL art naming Yvgeni Malkin …." and small Washingtoni and Pittsburgh Trophy and 3 Stanley Cups increasing titeling „NHL Eishockeyfest am Zürichsee and winning Peter Oberfrank – Hunziker" and „NHL ever Peter Oberfrank – Hunziker" and „NHL all Clubs ever for Peter Oberfrank – Hunziker" …….. im History book und NHL book steht geschrieben „eine ewige großartige Feier zum NHL Eishockeyfest am Zürichsee und New York Rangers icehockeyplayer with naming Peter Oberfrank – Hunziker, Peter Oberfrank, and also first NHL art Name Yvgeni Malkin and NHL art names like Christian Perthaler and Peter nature and Wayne Gretzky and Peter natureworker and Peter happy and ever and only professional NHL icehockeyplayer with lot of doing …." and getting 3 NHL Gold medals (= medali) and nature presents (= Naturgeschenke) like New York Rangers Kappe in Goldfarbe und Winterkappen und Trainingsanzüge und schönen Erinnerungsurkunden und Gewinner des goldenen NHL Ringes und NHL silver poti ….. all NHL winning …..

Beim Winterwonderland Festival in New York am 17. Jänner 1973 spielte ich schönes und gutes Eishockey und gewann

ich mit Herzenslachen als NHL Spieler
New York Rangers den „NHL Stanley Cup
naming Peter Oberfrank – Hunziker and
celebrating by Winterwonderland Festival
New York with happy being" und die
„NHL Presidents Trophy for Peter
Oberfrank – Hunziker at
Winterwonderland Festival in New York".
Im historischen Jahr 1994 dann Gewinner
des „NHL silver and dark historical New
York Rangers pin titeling years 1926,
1930, 1994" und des „NHL New York
Rangers pin in silver and black with the
years titularing 1928, 1994" und des
wunderschönen silber lametierten schwarz
lackierten „NHL Stanley Cup Champions
Pin New York Rangers mit Jahresangaben
1926, 1933, 1940, 1994" für ein tolles
Team New York Rangers.
NHL Stanley Cup winner ever am 2.
Jänner 2018 mit Eishockeymannschaft
New York Rangers und Washingtoni
Gewinner (for all NHL) und wieder schön
gefeiert in der Natur und ewig wieder
feiern und dies wunderbar. Gewinner des
„NHL New York Rangers ever Stanley Cup

pin american" und „All star ever NHL winner" mit Team New York Rangers am 2. Jänner 2018 abends im New York Yankees icestadium and ever celebrating und herzliches feiern mit „NHL all star game Picture ever" und „NHL ever hearty all star pin for hearty swissboy Peter Oberfrank – Hunziker" ……..

Gewinner der wichtigen Kany (Los Angeles Kings) und light gold Schale (Chicago Blackhawks) und Kelchi mit dem best ever NHL Team Nashville Predators gemeinsam mit New York Rangers und St. Louis Blues und Ottawa Senators, Gewinner der enligthning Trophy Vase für ever Stanley Cup Winner (year 2014) with celebrating mit Team St. Louis Blues gemeinsam mit Anaheim Ducks und Dallas Stars und New Jersey Devils und Detroit Red Wings und New York Rangers. Ich bin auch stolzer Gewinner mit der Familie gemeinsam auf unseren „Indianerwegen" der „NHL Chicago Blackhawks Trophy with american Indian being …."

Gewinner der NHL playing trophies with ever in heart und playing good and hearty and NHLi, Gewinner der Kani (orange bottle with heart) mit New York Rangers gemeinsam mit Montreal Canadiens, Gewinner and Winner and NHL winner des NHL ring.

Gewinner des NHL Karussell Stanley Cups Peter Oberfrank – Hunziker Swissboy nhler and nhli in Zürich Rapperswil. Schöner Gewinner in Zürich Swiss der NHL Rosen Stanley Cup Trophy ever …. and Winning der Happy Clown NHL Stanley Cup Trophy am Lago di Garda und Lomo See in Italien und der Baum Trophies in New York und Winnipeg und Rom celebrating ….

Gewinner des NHL Toronto Maple Leafs Pokals Stars Stanley Cup with naming Peter Oberfrank 24 New York Rangers ever …. good celebrating ….

Winner of the Montreal Canadiens ever red blue White Gold Stanley Cup Trophy named Peter blue ever with nature celebrating ever …. (my hearty ever retired number by Montreal Canadiens is number 81 with titeling Peter blue ever …. my art Name for good icehockeyplaying and

nature doing in Montreal and all NHL ....).
Gewinner der Falk Trophy und der Rose
Trophy (for good tactical playing and
icehockeyplaying and first „NHL Stanley
Cup win for Peter Oberfrank – Hunziker in
icehockeyorigincountries America nd
Canada in New York titled winter
wonderland on 17 January 1973 for lot of
training in Swiss and Australia" und der
„NHL staring trophy von der NHL" und 4
NHL goldenen Medailen (= ever medali
NHL being) und 2 Stanley Cups für NHL
und AHL, und des Kid Stanley NHL Cups
Peter Oberfrank und des Child NHL
Stanley Cups Peter Oberfrank – Hunziker
und des NHL Ringes und des NHL
Weihnachtsbaum in Silber und des NHL
Christmastree in bunten Farben.
All Sports NHL Trophy winner in San
Francisco mit all sports Team „San
Francisco 49ers" mit NHL sign auf
marmor plateauing and signing Peter
Oberfrank – Hunziker am 4. 4. 1978 ....
mit ewigen feiern und in San Francisco
City sein und Urlaub machen und Sport
machen und tanzen und Natur feiern und

Modeschauen und Theater und sich freuen und nachdenken und sich erinnern und Bücher lesen und arbeiten ….

Gewinner des Stanley Cup und der Presidents Trophy mit allen NHL Mannschaften.

Real and good founder of all NHL Teams with good preparing, Training, Sporting and doing …. doing all Leistungstest in English so called power Tests with happy laughing.

Gewinner der NHL presentele Stanley Cup Trophy with grinsele und der Weihnachtsbaum NHL Stanley Cup Trophy with dreamele and seinele und der NHL Weihnachtskarten Stanley Cup Trophy und der wichtigen NHL Gras, Steine und Blumen Stanley Cup Trophies …. Stanley Cup Trophy is ever good Sport and good nature doing ever.

Im geschichtsträchtigen Jahr 1997 XXL Stanley Cup Winner mit den Washington Capitals gemeinsam mit St. Louis Blues und New York Rangers, Stanley Cup Winchi Winner mit Detroid Red Wings und Tampa Bay Lightning am 4. Mai 1997 mit

Feiern und sofalen und Natur feiern …..
Gewinner der „NHL Tampa Bay Trophy
with Ligthning blue" im Jahr 2002 ….
Presidents Trophy Winner mit den New
York Rangers for first and ever 10 Stanley
Cup Titles and win of the Swarovski
Christmas star and stari ….
Real first founder of NHL (National
Hockey League) and ever im Madison
Square Garden Stadium in New York in
Amerika (USA).
Gewinner der green Stanley Cup Trophy
real NHL and der green Park Trophy und
der NHL New York Rangers Stanley Cup
Central Park Trophy ……..
Stanley Cup Sieger mit CSKA Moskau
gemeinsam mit New York Rangers im Jahr
1984, Gewinner des Nashville Predators
NHL Stanley Cups with ever hearty,
Gewinner der NHL red rose Trophy und
der green rose trophy, Stanley Cup Sieger
mit Chicago Blackhawks im Jahr 1987,
Stanley Cup Sieger mit den St. Louis
Blues, Stanley Cup Sieger und Presidents
Trophy Winner mit den Boston Bruins im
Jahr 1995, Stanley Cup Sieger mit Los

Angeles Kings im Jahr 2014, Eishockey
Stanley Cup Champion und Presidents
Trophy Winner mit den Montreal
Canadiens in Zürich am 24. Mai 2007,
Gewinner des NHL cinyi Stanley Cups
New York Rangers team am 4. Mai 1997 in
Colgo City im great Ji Stadium (1.000.000
spectaors), great winner der NHL sharky
Trophy Linz am 4. Mai 2017 in Linz alpy
City mit San Jose Sharks Team, Gewinner
der NHL San Jose glittering Trophy am 4.
August 2017 all over the world, Gewinner
der NHL New York Rangers Trophy in
Alpi City Seefeld, Gewinner der NHL ever
New York Rangers Trophy in alpine City
Garmischi, Gewinner ewigi of NHL
Stanley Cup Trophy Nashville Predators
nhling, Gewinner der NHL glory Trophy in
City cushi am 4. April 2018 with Team
New York Rangers ever good celebrating
with laughing and skying and loving Sport
and nature ever, NHL Presidents Trophy
winner und Stanley Cup winner mit dem
Eishockeyteam Florida Panthers und
Feiern ewig auf der grünen Graswiese,
Russischer Eishockeymeister mit

Eishockeyverein Lokomotiv Moskau,
Floorball Champion mit Lokomotivi
Moskau am 26. Dezember 1992, als
schönes Eishockeytraining bunte
Gartenarbeit für die New York Rangers,
NHL helping Seasons bei Buffalo Sabres
und Edmonton Oilers, Stanley Cup Winner
im Jahr 1988 mit den New York Islanders,
im Jugendbereich im Jahr 1988
Olympiasieger im Eishockey mit Team
Canada, Eishockeyweltmeister mit Team
Österreich in Moskau, NHL Hamburger
Sportverein Fußballclub Stanley cup
winning for Football Champions Winning,
Gewinner der NHL Stanley cup trophies in
Tennis und soft Tennis in Nashville und
Rapperswil und New York Flushing
Meadows und Wimbledon und Paris und
Melbourne und Buffalo und Minnesota und
Dallas, Olympiasieger im Eishockey und
Floorball mit Team Großbritannien, NHL
Floorball Champion winner with New York
Rangers Team titled „Zorom" in
americancity and Stanley Cup Trophy
Winning and Presidents Trophy flooriballi
winning and NHL medali Peter and ET and

wonderfuli naturei …. Weltmeister im Eishockey mit Eishockeymannschaft Italien, Gewinner von NHL trophies in Golf und Minigolf und Boccia spielen, Eishockey beim SC Riessersee-Eishockey Garmisch-Partenkirchen, im Jahr 1985 Youth NHL Champion mit den New York Rangers, Österreichischer Staatsmeister im Jahr 1984 und Österreichischer Eishockeymeister ewig mit dem Gösser Eishockeyverein Innsbruck (also satellite Team of NHL San Jose Sharks mit Mixtur aus kanadischen und amerikanischen Eishockey), Österreichischer Eishockeymeister und Rekordmeister mit KAC, Schweizer Eishockeystaatsmeister ever mit den ZSC Lions Zürich, Champions Hockey League Gewinner ewig mit der VEU Feldkirch (Satellite Team of NHL San Jose Sharks), deutscher Vizestaatsmeister und deutscher Meister mit dem Eishockeyverein Kölner Haie, deutscher Vizestaatsmeister mit Eishockeyverein Düsseldorfer EG, deutscher Eishockeystaatsmeister mit Eisbären Berlin, im Fußball

Österreichischer Fußballmeister mit FAK Austria Wien, Fußball – Schweizer Fußballmeister mit dem Fußballklub Sankt Gallen, Mitropacupsieger mit Rapid Wien und im jungen Bereich U 12 Fußball Österreichischer Meister mit Fußballverein Union MK Innsbruck im Jahr 1982 in St. Louis in Amerika …., 5 malig stanley Cup winning with sharky Team Innsbruck, mit Black Wings Linz (satellite club of NHL Teams San Jose Sharks and Detroit Red wings) 10 mal Nationalligameister und 4 malig stanley Cup winner with blackyblue Team Linz icehockey, Österreichischer Fußballmeister mit Rapid Wien, Italienischer Fußballmeister mit AS Roma im Jahr 1984, Eishockeyweltmeister und Fußballweltmeister mit Team Australia, Leichtathletik, Natursport, Floorball (bei IFK Göteborg – Schweden – als schwedischer Meister in Swedish hall Hölunda, bei Hot Shots Innsbruck / United Floorball Tirol – Österreichischer Staatsmeister im Jahr 2016 im Land ewigi sportshall, Europameister mit Team Großbritanien …. with ever being) und

Olympiasieger im Floorball in Mexiko,
Schi fahren, Tennis, Volleyball,
Konditionsgymnastik mit Musik und Yoga
………. als Trainer schweizerische
Fußballmeisterin mit Fussball Club
Rapperswil – Jona RJ 1928 in der Schweiz,
als Fußballspieler Österreichischer
Fußballmeister und Pokalsieger mit dem
ersten weltweiten Fußballverein FC
Wacker Innsbruck Tirol (satellite Verein
vom NHL club Buffalo Sabres) und gut
gefeiert in Innsbruck, mit NHL Nashville
Predators satellite Verein „FC Swarovski
Tirol" im Fußball und weltweiten
fußballspielen und blumengeschmückten
Stadien mit Bezeichnungen wie Jodie
Stadium und Heather Stadium und Barbara
Stadium und Blumenfestivals und schönen
Feiern des einzigartigen Gewinns des
Fußball Champions League Pokals
„champi" und der NHL medali „Family
being" und pocali hearty in silver, und
Discodancing in Wien, Brasilia, Buenos
Aires und in Mexiko, wo ich im Fußball
mit Team Argentinien im Estadio Atzteka
in Mexiko City mit viel Herzlachen dann

Fußballweltmeister und Olympiasieger wurde und NHL feiern in Melbourne, Kapstadt, Mittelafrika, Nordpol Stadt, New York, China und Zürich in der Schweiz …. viel Spaß und Lachen beim Fußballspielen beim Hamburger SV und in München, FC Rapperswil und beim Fußballteam Brasilien, und Eishockeyfreude beim HC Tiroler Wasserkraft Innsbruck „Die Haie" in New York und San Jose und San Francisco und alp City Innsbruck mit Gewinnen des silver Gold NHL Trophypocals ever und NHL unique haiyi medali with naming Peter Oberfrank – Hunziker 24 and also artname Gösser und schönes reisen zum EC Sao Paolo in Brasilien ……..
Eiskunstlaufolympiasieger Peter und Isabel in Montreal, XXXL Championsport in Afrika mit Lindsey, Afrikasport Trophy ewig im Herz …….. auch Gewinner der einzigen NBA Basketball Trophy „baski" und der NBA Basketball Trophy „basketballteam ewigi" und der einzigen NFL American Football Trophy „flyi" und der einzigen MBA Baseball Trophy

„yankeei" …. Gewinner der NHL Stanley
Cup Trophy winning und der NHL
Presidents Cup Trophy winning ever with
heart laughing …. with great NHL
celebrating ceremony in nature …….. nhli
….
Gewinner des „NHL Enthering Stanley
Cups for happy ever all done with detail
thinking and doing and unique
Codesprache done and all nature ever
good" with naming „for technical worker
Peter Oberfrank – Hunziker" am 1. 8. 2008
um 18 : 24 Uhr
Bei wunderschönen Sonnenschein und
feiner Natur genieße ich einen schönen
rauschenden Wasserfall und fröhliches
gewinnen des „Oscars für Peter Oberfrank
– Hunziker als Eigentümer von Geld und
money als NHL medali" und von vielen
NHL Münzen und Scheinen und der
„grünen NHL Palme" und schönes feiern
in der Natur ….
Historischer Gewinner der „Trophäe für
auch weiter gute Naturarbeit und kulturelle
Arbeit mit alter Sprache und uralter
Sprache und ewigen weiteren normalen

Leben als NHL Sportler und einziger
Techniker und Technikpreisträger und mit
datierten speziellen Arbeitszeitraum von
10. 12. 2018 und Uhrzeit 12:00 Uhr bis 25.
1. 2020 und Uhrzeit 18:00 Uhr für ewigen
Naturarbeiter Peter Oberfrank – Hunziker"
und stolzerweise habe ich mit meiner
Unterschrift „Peter Oberfrank – Hunziker"
im History book auch unterschrieben und
das wichtige History book schließt am 25 .
1. 2020 um 20 : 28 Uhr mit happy being
ever ….
Das Buch „NHL Trophies book" ist auch
ein history book und ist auch ewig.
Am 26. 1. 2020 Gewinner der „NHL
Stanley Cup Trophy for Peter Oberfrank –
Hunziker with ever NHL doing and nature
working and technical doing and happy
celebrating …." und ewig gut feiern mit
Natur schauen, wandern, Sport machen,
Modenschau, Blumenschau und tanzen und
Musik hören und in Kirche sein und
Urlaub machen ….
Am 27. 1. 2020 Gewinner der goldenen
und großen NHL medali „NHL all Sports
doing ever for Peter Oberfrank –

Hunziker" mit Naturfeier.

Am 28. 1. 2020 Gewinner des „NHL Stanley Cups happyling …. and NHL trophies ever" with naming Peter Oberfrank – Hunziker und schönes Feiern in der Natur mit lachen und auf der grünen Wiese ….

Wieder ein wunderschöner Schitag in St. Anton bei strahlenden Sonnenschein und wandern auf Schneeweg bei „vonntschi Schihang" mit viel Neuschnee und ca. 1 Meter Schneelage am 30. 1. 2020 um 15:40 Uhr und langes figl Schifahren auf wunderbaren Schneehängen mit Lachen und glücklich sein und viel schönen Sport sehen mit schibobfahren, rutschen, kurzschifahren, snowboarden und rodeln und beim schönen Naturholzhaus sein und Schneezauber genießen …. ein Märchenwinterwunderland und auch den schönen Sonnenuntergang anschauen und abends dann winterlich kaltes Wetter ….. dann schönen „Goldglitzer" zum Feiern ewig genießen ….. und wunderschöner Sonnenschein in der Natur und natürlich sein und sich freuen

Gewinner der NHL Stanley Cup Trophies
mit Bezeichnungen wie Grasland Ohio
club, Natur ist schön, nature is beautiful,
coronbuilin, Shell, Ariel, Persil, Billa,
Merkur, olympiaworld, marungo,
tscharungo, zoolungo, hofer, tyrolia,
wagnersche, museum, NHL Museum, USI,
Hot Shots Innsbruck, Universität
Innsbruck, Olundo land, Sportuniversität
Innsbruck, Ruhe, NHL being and
activating and Sporting …., wood working,
Loi, nature enjoying, weltweite
Universitäten, Floorball Hot Shots
Innsbruck, soft Tennis Hot Shots
Innsbruck, Leichtathletik Hot Shots
Innsbruck, Eishockey Hot Shots Innsbruck,
United Floorball Tirol, Floorball hamburgi,
Tennis Wimbledon, one and only
Professor, IVB, VVT, Wiener Linien,
Codesprache, all ever good, Gold star
Trophy, Tropfsteinhöhle, technic ever,
beach Los Angeles Kings, NHL Stone
ewigi, NHL ice ewigi, NHL Ewigkeit
stones, nature working goodi, NHL earth
Trophy, Entheringly ever Märchenbuch,
PMILE ever Naturwissenschaftenbuch, nhl

easyying and remembering joyy, NHL all
planets Trophy with moon and Saturn and
xerundolo and hapschi and Merkur and
venus and merkanda and liptor and mars
and herzi and nhli …., wedding heart
Trophy, nature green Trophy, heart ever
trophy, creamoso, Basketball Trophy,
volleyball Trophy, green heart trophy,
bowling trophy, palm, gras, sand, NBA,
MLB, NFL, football, Tennis all, biking,
praterblütenlauf, los angeles kingi, ewigi,
natureboyi, garden, Flowers trophy,
Kleeblatt Trophy, Floorball Dallas stars,
Floorball New York Rangers, Floorball
Tampa bay, Floorball Chicago
Blackhawks, Floorball Detroit Red Wings,
Vancouver celebrating trophy, iceskating
Dallas stars Trophy and figure skating e,
skiing, alp City Innsbruck San Jose Sharks
Trophy for unique good being …., NFL
american trophy for Peter Oberfrank –
Hunziker, ballett trophy, baseball trophy,
natural working, nashvilli, jupiyeahio,
NHL all star Trophy winning …. und der
großen rosafarbenen NHL Stanley Cup
Trophy „San Franciso 49ers" ever ……..

Tampsy trophy

Im Winter des Jahres 2020 gewann ich mit einem guten New York Rangers Team im NHL Stanley Cup Finale good gaming im Cologno sports stadium (Africa) in Canada den glorreichen ewigen NHL Stanley Cup mit einem 3 : 2 Sieg in der Overtime gegen die Toronto Maple Leafs und glückliches freudiges ewiges schönes herzliches Feiern …. dies nach einer NHL worldtouring celebration tour mit glanzvollen Modeschauen und Sportfesten und history festivals und sporty festivals und trainingscamps und gewinnen mit NHL Eishockey des ehrenvollen „geoffrey Preises" im schönen Sportstadium vor 100.000 Zuschauern und schönen NHL Festen und lachen …..

Für mich ist auch die berufliche Arbeit (als Gründer von allen Baufirmen, Space, Ferrero, Swarovski, ÖBB und Airline …. NHL Eishockey spielen …. und happy all ever done mit Enthering Baufirmenarbeiten und laughing ever with nature doing and naturel enlining and beautiful enthering time with history and future nature and being) im technischen und planerischen und architektonischen Bereich sehr wichtig. Auch in der Natur zu sein sowie das Schreiben von Büchern sowie das Zeichnen und Malen ist für mich mit großer Freude und Nachdenken verbunden. Ich bin auch Naturarbeiter und auch stolzer alleiniger Oscar Preisträger und Nobelpreisträger mit meiner Familie. Die Technik ist ewig mein alleiniges Wissensgebiet und die Technik ist wunderschön und eine ewige Arbeit für mich. Ich mag die Natur und es ist schön die Graswiesen zu beobachten, Wälder anzuschauen, Wasser zu bewundern, Grasblüte zu pflegen und zu bewundern, Bäume zu gießen, Wasser genau zu analysieren, schönes Eis zu machen, gute Lebensmittel und schönes Trinkwasser zu genießen, wunderbare Blumen im Garten anzuschauen, Wolken zu betrachten, Sonnenschein und Nebel und Regen und Regenbogen zu genießen, Hagel und Schnee und Wind als Wetterphänomene zu betrachten, auch ruhige Wetterphasen zu genießen, auf feinem grünen Moos zu gehen und zu ruhen ….

Als erster Indianer habe ich mit Lachen und Denken und ganz wichtig mit Isabel das Indianerbuch geschrieben ….. Indianer mit Liebe auf ewig.

Die von mir gezeichneten Bilder und Zeichnungen sind unter anderem bei der Galerie Saatchi Art und in einem Museum zu sehen. Wichtig ist mir ein Leben mit der schönen Natur und stolz bin ich auch auf mein Naturbuch und meine vielen geschriebenen Bücher und schönes ewiges Buch schreiben ….. und auch Buchfeste Mit großer Freude habe ich eine nette Weihnachtsgeschichte mit dem Buchtitel „Es war einmal Weihnachten mit viel Kerzenlicht …" geschrieben, wobei dieses Buch als Märchen für alle Altersgruppen gedacht ist, vor allem ist dieses Buch auch speziell ein Kinder- und Jugendbuch. Meine Romanversion zu meiner geschriebenen Weihnachtsgeschichte lautet „Weihnachten mit viel Herz, Freude und auch Kunst".

Zum Buch „Es war einmal Weihnachten mit viel Kerzenlicht …" kurze

Inhaltsangabe: In einer kleinen Stadt freuen sich die Leute schon auf das Weihnachtsfest, und plötzlich gibt es einen langen Stromausfall. In der Weihnachtsgeschichte wird erzählt, wie die Leute dann beim langen Stromausfall Weihnachten feiern. Zudem findet eine große Liebe zueinander … Anna und Patrick begegnen sich wieder zufällig in der kleinen Stadt und für beide ist dies der richtige Zeitpunkt, ihren Herzen zu folgen und beide finden herzlich und liebevoll zueinander.

Die Bücher „Es war einmal Weihnachten mit viel Kerzenlicht …" (als Märchen) und „Weihnachten mit viel Herz, Freude und auch Kunst" (als Romanversion) sind im internationalen Buchhandel (zum Beispiel bei Books on demand) und auch im Internet beim Online-Buchhandel (in Buchform und als E-Book) erhältlich. Zudem habe ich gerne das Philosophie Buch mit dem Titel „Philosophie in einem natürlichen, positiven und guten Sinn … mit Geschichtsbezug" (als Langversion mit philosophischer Geschichte hierzu) und das

Philosophie Buch „Philosophie in einem natürlichen, positiven und guten Sinn" (als Kurzversion) geschrieben. Diese Bücher sind auch im internationalen Buchhandel (zum Beispiel Books on demand) erhältlich.

Mit viel Spaß und schönen Erinnerungen habe ich das Buch „Fun and joy (in englischer Sprache) Freude und Spaß (in deutscher Sprache)" geschrieben. Dieses Buch ist auch allgemein mit viel Lachen. Dieses Buch ist im internationalen Buchhandel erhältlich.

Mit Nachdenken und Lachen habe ich das Buch „Es war einmal mein Kinderwunsch …. ein Buch mit geschriebenen Worten und gezeichneten Bildern, wo ich dann selber schreiben und zeichnen kann" geschrieben und gezeichnet. Es ist ein kreatives Buch und auch ein eigenes Buch. Dieses Buch ist auch im internationalen Buchhandel erhältlich.

Herzlich gerne und mit ewiger Liebe und Lachen und schön schreiben und zeichnen und schauen …. habe ich das Buch „Liebe und träumen" geschrieben, und dieses

Buch ist auch im internationalen Buchhandel erhältlich.

Mit viel Spaß und Lachen, Naturidenken und Herzensliebe habe ich das Buch „Ein Zirkuszelt in der Natur zum Träumen und Lachen" geschrieben. Dieses Buch ist auch im internationalen Buchhandel erhältlich.

Mit großer Herzensliebe habe ich das Buch „Farbenbuchi" geschrieben und am 8. 9. 2019 veröffentlicht. Dieses Buch ist auch im internationalen Buchhandel erhältlich.

Am 13. September 2019 und ewig feiern tut die Natur und alle gerne den „Farbenbuchitagi Auroralile" mit lachen und chisi ….

Mit Lachen habe ich „Ein Buch über Sport für Kinder zum Träumen …. zum Lachen kann man auch Sporti sagen" geschrieben und dieses Buch ist auch im internationalen Buchhandel erhältlich.

Mit schönem Denken und auch Lachen habe ich am 8. Oktober 2019 mein „Herzbuch" geschrieben und dieses Buch ist auch im internationalen Buchhandel erhältlich.

Mit Spaß habe ich das Buch „Natur und

Sport   wunderschön, und denken, lachen
und ewig feiern" geschrieben und dieses
Buch ist auch im internationalen
Buchhandel erhältlich.
Mit herzlichen Erinnerungen und schönen
Erinnerungen an NHL Weihnachtsglitzer
im Central Park in New York und meinem
Sieg als New York Rangers Kapitän mit
der Rückennummer 24 und meinem
Namen auf der Jersey Rückseite „Peter
Oberfrank – Hunziker" am 17. Jänner 1973
gegen die Montreal Canadiens in Höhe von
100 : 0 für das Team New York Rangers
und anschließendem Winterwonderland
Festival …. habe ich das Buch „NHL
Weihnachtsbuch   very fine good daying
ewigi" geschrieben und dieses Buch ist im
internationalen Buchhandel erhältlich ….
ja ja NHL Eishockey und nature doing
macht ewig Spaß und auch NBA
Basketball und NFL American Football
und Fußballsport und Schifahren und
Tennis und Boccia …. sind schöne
Sportarten. Meine Heimat sind Schweiz,
Australien, Amerika, Asien und Afrika.
Happy time ever celebrating with joying.

Ganz mit Herzensfreude schreibe ich das ewige Buch „nhling" all NHL doing ever ….. und dies ist schon bei books on demand und bookmundo veröffentlicht und im internationalen Buchhandel erhältlich. Mit happy sein bin ich auch Gewinner des „NHL stanley cup trophyle nhling for Peter Oberfrank – Hunziker and New York Rangers Team and all NHL clubs ever …." und schönes herzliches Feiern am Zürichsee und in Paris und Rio de Janeiro ….

Das Buch „nature dreaming and being …. nhling forever" habe ich mit herzlichen Erinnerungen und planen und schönen sein geschrieben und dies ist ein reales und wunderschönes Naturbuch und Sportbuch. Die NHL (National Hockey League) ist schöner Sport in der größten Sportliga der Welt mit Eishockey und NBA Basketballsport und NFL american Football und MBA Baseball Sport und Fußball und Handball und Tennis und wandern und laufen und Boccia spielen und ganz vielen Sportarten ….. einfach in der Natur sein und auch die wunderschöne

Technik genießen und die NHL trophies
feiern und NHL Festivals ewig schön
genießen ……..

Mit viel denken und sich erinnern und auch
gutes gestalten habe ich das Buch „Happy
nhling ever …..“ geschrieben und dieses
Buch ist ein Sportbuch, Naturbuch und
Märchenbuch ….

Gewinner der „NHL red big heart trophy"
und wunderschönes Feiern in der rosa
Kirche und der „NHL green big heart
trophy" und musikalisches Feiern in der
grünen Kirche ….

In Nashville in Amerika schönes gewinnen
der „NHL statue Peter and Diego trophies"
in small, medium and large for 12 times
winning the Stanley Cup Trophy with
Nashville Predators Team and ever being
…..

Bei der Naturarbeit und sporteln in
Washington erhielt ich eine schöne
Auszeichnung der NHL mit einer
silberfarben und goldglänzenden Trophäe
mit Titulierung „NHL ever good with all
teams for Peter Oberfrank – Hunziker and
wonderful nature ….“ und schönes feiern

beim Eishockeyspielen und ruhiges Feiern
in der Natur und glamouröses Feiern in der
NHL Sporthalle und im NHL Museum und
beim Basketball spielen ….
Beim Wandern und Laufen in Winnipeg
wieder eine schöne NHL Idee und dann
weitergewandert nach Miami zum „NHL
all stars remembering and celebrating
game" and winning with happy playing a
„NHL mascot stanley Cup Trophy" and
„NHL happy ever gaming mascoti Stanley
Cup Trophy" and a wonderful flower
ceremony in nature at Mammout mountain
in Miami and celebrating in Miami Sports
Stadium and holding in hand a „NHL pin
FIFA for Sports and nature doing …." and
a „NHL Trophy 4 Kleeblatt in silver for
NHL playing and again a NHL full season
and NHL sports easy gameling and NHL
Sporting …." …. easy icehockey and
natureing …. good celebrating in Dallas
mit Maskottchensport und Natur genießen
im nature house Dallungo aus
Marmorbetonstein großflächig mit
Holzdach und schöner Wiese mit Blumen
…. schöner NFL Sport und american

Football im Miami Sports Stadium und by
Sports doing gewinnen der wundervoll
glänzenden „NHL medali stari mascoti" im
Center des Miami Sports Stadium und
celebrating ever …..
Beim Natur wandern in der Alp City
Innsbruck und wieder einen schönen
Vulkanausbruch betrachten und in sicherer
Naturumgebung sein und dann auch
sporteln erhielt ich einen schönen „NHL
Stanley Cup for ever good nature working
and good NHL Sport for Peter Oberfrank –
Hunziker" und einen „goldenen NHL
Puck" ….. beim schönen Feiern und tanzen
beim „Blumiball Innsbruck" im
woodimarmorhaus alp city Innsbruck und
eishockeyspielen in Olympiaworldi
Innsbruck und NHL Sport doing und
wieder elegant schön feiern auf der
holzenen Tanzfläche erhielten wir als
Familie den „NHL Hunzi Cup" und „NHL
Stanley Cup Blumiball Innsbruck".… und
für schönes tanzen den „NHL Potti für
Peter Oberfrank – Hunziker, Michelle,
Elke, Isabel, Lindsey, Aurora, Michaela,
Anna, Leila, Miri, Tiri, Liri, Amelie, Linea,

Elisabeth, Isabelo, Elisabetha, Alice und
Blumensein und ET und friends Diego und
Zico und Dino und Cu uma …." and
winning ….. „NHL Super bowl Miami
Trophy for family" and „NHL ballett
Trophy for Alice" and „NHL Bowling
Trophy for Elke" and „NHL and NFL and
MBA and NBA stanley Cup Trophy
flowering" ….
Die NHL trophies in easy gameling
starting ever sind wundervoller glitter with
Special light PMILE on real good NHL
Jerseys and celebrating Museums and
remembering with minding …. starting
with today on 20 December 2019 12:24
o'clock …. great ever unique
Gewinner von NHL schifigling trophies in
Toronto und Rapperswil und Zürich und
Lake Louise und Louisiana und Mexiko
und Rio de Janeiero und St. Anton und
Kapstadt und Australien und Afrika und
Afrikanis und Asien und alp City
Innsbruck und Garmisch und New York für
Peter und Michelle und Elke und Isabel
und Lindsey und Kristiane und
Blumenprinzessinnen ….. stolzer

Gewinner von „NHL american Indian
stanley Cup Trophy for Peter Oberfrank –
Hunziker and all NHL ….." und von „NHL
Indianer Pokal mit 4 kreisrunden Ringen
und 1 Schale für Peter Oberfrank und
schönes Naturarbeiten ewig und NHL
sporteln und technisches weiterarbeiten
und schön gestalten ….." und „NHL Natur
trophy" (1 silbergold Schale mit Zeichen
für Gras und Bäume und Löwen und Steine
und Wasser und Sonne und Wolken ….).
NHL icehockey and Sport is great and
wonderful …. in der Natur glücklich sein
und lachen …. all ever happy ….. aeh …..
great nature
Wunderschöne Natur genießen und auch
die vielen bunten Farben in der Natur ….
mit gutem Eishockeyspielen in der
Olympiaworld Innsbruck und schönes
feiern und Gewinner der „NHL Stanley
Cup Trophy Olympiaworld Innsbruck for
Peter Oberfrank – Hunziker and family
being ….." und auch ruhiges feiern mit
schöner oranger Kerze.
Am 2. 2. 2020 mit NHL Erinnerungen und
freudigen Sein und eishockeyspielen und

Gewinner des NHL Kristalls skyblue ….
für Peter Oberfrank – Hunziker …. im
Herzen sein und glücklich sein ist
wunderschön und ewig und einzigartig.
Mit tiefsinnigen Nachdenken und schönen
Sein habe ich das Buch „NHL story and
being" geschrieben und dieses Buch ist
auch im internationalen Buchhandel
erhältlich.
Glanzvolles gewinnen der NHL Stanley
Cup Trophy und schönes Feiern ….
Ein schöner Naturtag und gedankliche
Erinnerungen an schön herzliche Besuche
im NHL Museum und NHL Shield
Museum und beautiful trophy Museum und
wieder besuchen ….. fröhlicher Sport mit
laufen und hunzolov schwimmen und
tüchti gymnastic und spacydancing und
freudiges Gewinnen der H stanley Cup
trophy and wandering and holidayi and
floweri …..
Good celebrating mit NHL medali und
nature presents und schöner Modenschau
und Musikparty und Nature Festivals und
Zirkusfest mit Pferde im Wald besuchen
und Eichhörnchen in den Bäumen und

fliegende Schmetterlinge in den Wiesen und Igel in den Höhlen und Fische im Wasser und Papageien und Drachen und Bären und Schildkröten und viele Blumen ….. „NHL Stanley Cup Trophy for Peter Oberfrank – Hunziker in ewigi" und „NHL Stanley Cup Trophy for good NHL Sport ever to Peter Oberfrank – Hunziker in Los Angeles" und NHL shop Museum und „NHL Daddy Festivals" und Theaterfestival und Kinofestival und Philosophiefestival und Kunstfestival und Sportfestival und Geschichtefestival und Zukunftfestival und Zeitfestival und „Ringele spielen" und Kirchefestival und Buchfestival und NHL being Festival und fröhliches Grasfest und Coca Cola Fest und Burger Party Fest und Fernsehfest und Radiofest und Ausflugfest und journeying ….. glücklich und herzlich feiern und weihnachtlich und Ostern lustig feiern und wunderschöne spacy Festivals ….. Living happy …..

Mit Herzensliebe und gemäß „Große Liebe Heiratsversprechen" in der roten Kirche und in der rosa Kirche und in der weißen

Kirche habe ich ein Buch „NHL National Hockey League" geschrieben und dies mit ganz schönen Naturerinnerungen und Sporterinnerungen und schönen Sein ….. und dieses Buch ist auch im internationalen Buchhandel erhältlich und ein Buchoscar wurde schon in der grünen Kirche fröhlich und herzlich wieder gefeiert und auch mit einer glanzvollen Modenschau.
Winning a „New York Rangers Trophy" ist auch ewiges Glücksgefühl und wunderschön in der Natur zu sein und alle NHL Vereine sind würdige Preisträger und wichtig sind auch die Schiedsrichter und die Zuschauer und ganz schön sind die Sportstadien und die Naturstadien ….. und lustiges Sportfest beim Gewinnen der „ET dreiorgel trophy" und schöne Erinnerungen auch zu den Musikfesten NHL und den NHL nature festivals und den „NHL Museum celebrating in nature Festen" und viel Freude beim Sport ….. schönes Gewinnen und viel Lachen bei der Zeremonie zur „Lindsey Vonn skiing trophy" und schönes feiern im Theater bei Ballett tanzen und am Eislaufplatz für

schönen Eiskunstlaufsport eine
kristallgoldene trophy for „wonderful
iceartskating" und dann in der Natur
wandern gehen und Urlaub machen im
schönen „Märchenhaus" und ein
Blumenfest und Schifffahrtfest und
Weihnachtsbaumfest und auf der grünen
Graswiese bei der „Herz Trophy" tanzen
und zur Kirche gehen und
Blumengeschenke machen das Feuerwerk
genießen und ein Brunnenfest und
Buchfestival und joying …..
Beim NHL Natur Festival und mit
sportlichen und natürlichen Sein gewinnen
des NHL Stanley Cups „Veriondo" und des
NHL stanley cups happy
Mit schönen Erinnerungen und glücklichen
sein und Freude mit Heiratsfesten und
NHL Sport und natürlichen lachen habe ich
„happy Buch" geschrieben und dieses
Buch ist auch im internationalen
Buchhandel erhältlich …. happy being ist
auch schöne Natur feiern ….
Am 28. 2. 2020 bei einer „goodi laughing
Party" im Naturgarten happy sein und
Sport machen und glücklich sein und feiern

des NHL Stanley Cups „NHL poti on 28. 2. 2020 Peter Oberfrank – Hunziker" und snowi festival mit EMLIK Music und Natur genießen and NHL ever celebrating …..

Mit Herzenserinnerungen und natürlichen Sein ist mein Buch „Herzlachen und Märchenbuchele" und dies ist mit geschriebenen Text und auch einige freie Seiten zum selber schreiben, zeichnen und malen ….. dieses Buch ist auch im internationalen Buchhandel erhältlich und vor allem die Faschingszeit ist auch eine schöne Buchzeit mit schöner Natur und vielen Farben.

Glanzvolles Indianer sein und lachen sind wichtig im Leben und philosophieren und etwas machen und mit viel Freude habe ich das Buch „Herzliches lachen mit schönen Sein und Natur genießen ….. ein Buch mit schönen Gedanken und Indianer Erinnerungen und natürlich sein und geschrieben in deutscher und englischer Sprache und einfach ein Buchele" in schöner Buchform geschrieben und dieses Buch ist auch im internationalen

Buchhandel erhältlich. Ich bin gerne in der Natur und auch beim Sport und feiere gerne.

Schöne Reiseerinnerungen und spaßiges lachen sind schön und dies habe ich in meinem geschriebenen Buch mit dem Buchtitel „Dreaming book and being ….. ein Buch zum Nachdenken und lachen" gerne beschrieben und auch kreativ gestaltet und dieses Buch ist auch im internationalen Buchhandel erhältlich. Lustig lachen ist schön.

Mit schönen denken und sein habe ich das Buch „yeahi" geschrieben und dieses Buch ist auch im internationalen Buchhandel erhältlich. Dieses Buch ist ein Buch mit Naturdenken und auch mit Humor und happy feeling und glücklich feiern und genießen …..

Spaßig und auch mit tiefen Herzenssinn und auch indianisch habe ich das Buch „dark blue is celebrating all ….. nature colourful" geschrieben und dieses Buch ist auch im internationalen Buchhandel erhältlich ….. joyfully and laughing Herzenserinnerungen und sportliches Sein und glückliches Sein mit viel schönen indianischen Lachen sind im Buch von mir mit der Buchbezeichnung „All sport is …..‟ und dieses Buch ist auch im internationalen Buchhandel erhältlich. Happyling by sports doing and ever enjoying the nature.

Creative and funny being und mit Indianer Erinnerungen und Große Liebe sein und herzlichen Märchenerinnerungen und sportlichen Erinnerungen und clownigen Erinnerungen habe ich mit Herzensfreude das Buch „Farbenfreude mit Indianerzeichen‟ geschrieben und dieses Buch ist auch im internationalen Buchhandel erhältlich. Ewiges feiern und beim Naturhaus ist viel Lachen und herzliches sein ….. beim Wandern sehen wir im montrealischen Land landern schön im Sommer buntfaltige Sommermode und als real Montreal Canadiens spazieren wir zum Berg liens und dort wohnen wir gerne im Haus und im Garten wachsen schön die Blumen bohnen ….. unique celebrating and happy being …..

Natur genießen und ewig fröhlich sein und

guten NHL Sport machen und Spaß haben und NHL Trophäen genießen und Heiratsfreude ewigi im Herzen und glückliche Familie sein und herzlich sein und freudig sein und einzigartig sein und Märchenerinnerungen und natürliches denken und tun und technisches denken und machen und lachen sind in meinem gern geschriebenen Buch „indiany" und dieses Buch ist auch im internationalen Buchhandel erhältlich ….. wundervoll sind Blumenland und Indianerland und Steineland und das Weltall und schönes kunstvoll sein ist wichtig ….. auch NHL Sport und mit lustig sein berichten auch vom 36. NHL Verein indiany mit vollem NHL Sportvereinsnamen yellow indiany ….. dieser NHL Verein indiany ist angekoppelt an den NHL Sportverein Boston Bruins ….. die NHL Geschichte ist lange und schön ….. und auch in der Natur sein ist ganz fein …..

Als NHL Sportler und glücklicher Naturgenießer und mit schönen Erinnerungen und kreativen Sein habe ich das Buch „glücklich sein und fröhlich sein

….. nl indiany sein" geschrieben und dieses Buch ist auch im internationalen Buchhandel erhältlich. Mit Frohsinn und buntigen Sein ist dieses Buch und es ist ein schönes Buch und auch ein Märchenbuch und eine Reisebuch und auch ein Buch mit sportlichen Sein und auch ein wertvolles Architekturbuch ….. die Einzigartigkeit ist im Herzen und dies schön ….. dieses Buch ist auch ein Buch zum lächeln und für Märchenabende und für Philosophieabende und with smilelen ….. es ist schön in der Natur und im Herzen zu sein ….. gooding ….. mit schönen Heiratserinnerungen im Herzen und glücklichen sein und familiären herzfreudig sein und sportlichen sein ….. im Fasching glänzt der Ehering Auf indianisch heißt das deutsche Wort reimen in englischer Sprache liami und dieses Buch ist auch mit schönen Erinnerungen und sein in Miami und fröhlich sein bei der Kirche giami in Miami und glücklich sein am Meeresstrand …….. mit Naturdenken und schön in der Natur sein und Herzlachen ist mein geschriebenes Buch „glücklich sein und

fröhlich sein ….. nl indiany sein" und
dieses Buch ist von mir glücklichen
Ehemann Peter Oberfrank – Hunziker ein
einzigartiges Große Liebe
Heiratsversprechen an meine glückliche
Ehefrau Michelle Hunziker und unsere
Familie mit Kindern und in der weißen
Kirche ewige Heiraten feiern und
Weihnachten ewigi feiern und schön
Ostern feiern und ewig NHL Sport machen
und ewiglich lachen und Indianer und
Indianerin sein und einzigartig ewig im
Herzen mit lachen sein ….. luen ist
Indianerland und auch Hippieland und
schön modisch und sehr genau sein ist
schön und Architektur und Technik und
Natur genießen sind wichtig und auch
schöner Sport und das History book und
NHL book und alle Bücher sind wichitg
….. schön sind NHL Sportfestivals und
Kinderfeste und Farbenfeste und
Naturfeste und Modefeste und
Musiktanzfeste und Naturruhefeste und
Freudefeste …. glücklich bei der grünen
Kirche sein und herzlich familiär sein und
weit reisen und zuhause sein …. schön

sporteln und feiern bei der lila Kirche und
bei der rosa Kirche und ewig weiterfeiern
bei der goldenen Moscheekirche …..
spaßig feiern beim Almhüttele und
Teestubenkirche und Palmenkirche …..
und überall im Sportspalast gut feiern und
sich erinnern und nachdenken und
natürlich genießen und freudig sein und
Clown sein und lachen und sportlich sein
und beim Philosophieren sein …..
Mit freudigen herzlichen einzigartigen
Erinnerungen zur Osterzeit und schönen
Erinnerungen beim ganzjährigen
Blumenfest in Miami und Palmenfest in
der Sporthalle giami und Sportfest in New
York im Madison Square Garden und
Indianerfest in luen City habe ich mit
glücklichen sein das Buch „Eastern book
also called Ostern Buch ….. indiany being
is funny being ….. indianyiens und
indianis und indianyongo und
indianyhoho" geschrieben und dieses Buch
ist auch im internationalen Buchhandel
erhältlich ….. in Miami beim NHL
Sporttrophäenfeierplatz habe ich lustig
gesagt, dass der 36. NHL Sportverein

indiany auch funny ist und dies heißt, dass indianisch sein auch schön glücklich sein ist ….. einzigartig und schön ist auch die Feier am gelben Meeresstrand in der indiany NHL town luen mit wunderschönen Feiern des „NHL Stanley Cups yellow for Peter Oberfrank – Hunziker and Family and Team ….." sozusagen mit easy cheasy sagen „yellow indiany" und sich freuen und dies ist ein ewiges Blumenfest und auch ein Sportfest und einfach das Naturfestival gut genießen …..

Spaßig ist es und mit viel Freude ist mein geschriebenes Buch „Hippie" und als Märchenversion ist dies das „Hippie Märchenbuch" und dies ist schöne Kreativität und auch Buntheit …. diese Bücher sind auch im internationalen Buchhandel erhältlich ….. Hippie sein ist lustig sein und mit lachen sein und dies war und ist ewig ein schöner Märchengedanke und glückliches sein ….. ho ho sagt der Weihnachtsmann im Indianerland luen und auch weltweites reisen ist sehr fein bei Sonnenschein und auch bei Mondschein ….. lange bei schöner Musik tanzen und kichern und hören wie die Vögel zwitschern ….. der NHL Verein nl ist auch wie die New York Rangers und alle NHL Teams ein guter NHL Sportverein und „Hippie" ist auch mein NHL art name für mich Peter Oberfrank – Hunziker und schön ist es mit meiner „Hippie" Familie zu sein und zu wohnen im Naturhaus lanaön ….. funny and easy sport is good and we are ever celebrating by the wood …..

Herzensfreude

Mit spaßigen sein und glücklich sein habe ich das Buch „Kinderbuch und Malbuch … children book and painting book ….. Weihnachtspostamt Geschenkele …. Osterpostamt Geschenkele …. nl Hippie indiany funny Geschenkele … presentele" geschrieben und dieses Buch ist auch im internationalen Buchhandel erhältlich. Gutes Natur feiern und NHL Sport feiern und tanzen und lachen und farbenfroh sein und beim Blumenfeld sein und ET treffen und papageio beim Fliegen sehen und Igel auf der Wiese sehen und beim Sand die

Eselen sehen …..

Mein geschriebenes Buch „yall klingt so schön in Montreal ….. die Nachtigall singt schön yall ….. Malbuch und Märchenbuch ….. presentele" ist ein Buch mit herzlich schönen Erinnerungen und glücklich sein und ein Buch zum selber kreativ sein und dieses Buch ist auch im internationalen Buchhandel erhältlich. Dieses kreative Buch ist auch ein sensibles Buch von mir mit schönen Sport machen und lachen und einzigartig sein und heiraten und Familie sein und glücklich sein und treu sein und feiern und wandern und singen yall und fröhlich sein in der Natur.

Mit spaßigen sein habe ich mein Buch „Lustiges Buch mit blumigen Worten und schönen Sätzen zum Lachen und Sport machen" geschrieben und dieses Buch ist auch im internationalen Buchhandel erhältlich ….. dies ist mit mit einzigartig sein und glücklichen sein und sportlich sein.

Das von mir geschriebene Buch „Einzigartig sein ist schön" ist ein schönes Buch und dieses Buch ist auch im

internationalen Buchhandel erhältlich …..
dieses Buch ist mit schönen
Herzenserinnerungen und glücklichen sein
und schönen Sport machen und
glücklichen sein und reisen und zuhause
sein.

Mit spaßigen und glücklichen
Erinnerungen und glücklich sein habe ich
das Buch „Celebrating NHL time with
nature festivals and skyblue partying and
funny sports doing" geschrieben und dieses
Buch ist auch im internationalen
Buchhandel erhältlich. Herzlich sein ist
schön und sportlich sein ist elegant und
kraftvoll und athletisch ….. spaßiges
lachen ist zauberhaft und einzigartig im
Herz.

Ganz glücklich und mit lachen und
herzlichen sein habe ich mein Buch „easy"
geschrieben und dieses Buch ist auch im
internationalen Buchhandel erhältlich.
Sportliches sein ist schön und die Natur
glanzvoll.

Mit schönen sportlichen Erinnerungen und
glücklichen sein habe ich mein Buch
„American indian being is funny being …..

for me Peter Oberfrank – Hunziker with my NHL art name Kevin Lavallee it is with laughing doing NHL sport and enjoying nature and partying" geschrieben und dieses Buch ist auch im internationalen Buchhandel erhältlich. Freudig lachen und genau sein und schöne Feste machen. Mit schönen herzlichen Erinnerungen und glücklichen sein habe ich mein Buch „lucky" geschrieben und dieses Buch ist auch im internationalen Buchhandel erhältlich. Für mich Peter Oberfrank – Hunziker ist lucky auch mein NHL art name und hauptsächlich mit der Rückennumer 28 und als ewiger NHL Sportler und New York Rangers Teamkapitän freut mich das Sporteln ….. und schöne Gedanken an Partyfeste in Miami und Rapperswil und im luen Indianerland und kreativen NHL Sport machen und lachen und feiern und glücklich in Los Angeles sein und NHL Trophäen im NHL Museum feiern und eine glanzvolle Modeschau genießen und in Boston spaßig in der Discoteca Bieno tanzen und familiär wohnen und mit

herzlichen lachen am Miami Strand sein
…..
Glanzvoll schön und mit NHL
Erinnerungen und glücklichen sein ist mein
geschriebenes Buch „happy celebrating"
und dieses Buch ist auch im internationalen
Buchhandel erhältlich. Kreatives sein ist
herzlich und einzigartig und sich freuen
und lachen und schön im Herzen sein …..
Gutes fröhliches sein und NHL Sport sind
in meinem geschriebenen Buch „american
indian being" unique und dies mit lachen
und ewig feiern und sich erinnern und
schön sein ….. und dieses Buch ist auch im
internationalen Buchhandel erhältlich …..
einfach und bunt glücklich sein …..
Mit spaßigen sein ist mein geschriebenes
Buch „unique NHL day" und dieses Buch
ist auch im internationalen Buchhandel
erhältlich. Glücklich sein ist schön und
einzigartig und NHL Sport machen und
lachen und feiern und tanzen und nhling
und happyling …..
Mein indianisch geschriebenes Buch
„Happy NHL" ist ein herzliches
Familiebuch und NHL Sportbuch mit

schönen sportlichen Feiern und sportlichen sein und dieses Buch ist auch im internationalen Buchhandel erhältlich und schön ist kreatives sein und lachen ….. Mit indianischen Herzensgefühl habe ich die Bücher „All journeying and good gaming winning New York Rangers Team in NHL and good celebrating" und „Good NHL (National Hockey League) celebrating" und „Rosenbuch" und „indiany christmas ….. NHL blue ever heartily weddingly" und „Stary" und „Orangely" und „Star" und „Good NHL victories and good NHL stories …. whiteying" und „NHL indiany being and ever celebrating" und „NHLY happy ever hearty celebrating" und „NHL colourfull celebrating …. yoho …. good memory book with blue festivalying and hearty being and good celebrating year 2021 and ever and hearty Love with laughing …." und „indianyhearty" geschrieben und mit ewiger Herzensliebe und gemäß indianischen Heiratsversprechen mit meiner große Liebe Ehefrau Michelle Hunziker mit familiären indianischen sein

habe ich das Bild „indiany sign" und
„Good happyness with NHL celebrating
and heartily being ewigi ever by me Peter
Oberfrank – Hunziker ….. indiany blue
star ….. happyly being …….. Peter
Oberfrank – Hunziker" und „NHL Love
colourfull heart celebrating" und
„indianyhearty remembering Rosengartele"
gezeichnet und gerne mit meinem
einzigartigen NHL art naming und
wedding naming und celebrating ever
naming Peter Oberfrank – Hunziker
unterschrieben und dies ist schön mit
sportlich sein und froh sein und glücklich
sein und treu im Herzen sein und freudig
sein und mit indianischen Prinzipien sein
und NHL player ewig sein …. und das
Buch „bluewhitered NHL ever festival"
und das Buch „NHL good sport and blue
star celebrating" und das Buch
„Indianisches Zeichen" und das Buch
„NHLY" und das Buch „Wonderful
sunshine" mit freudigen Herzen und
sportlichen Erinnerungen und herzlichen
feiern und frohen sein und lachen
geschrieben ……..

Peter Oberfrank – Hunziker